Los más bellos poemas
de amor en lengua española

Seix Barral

Los más bellos poemas de amor en lengua española

Selección y nota introductoria de
Carlos Montemayor

Diseño de portada: Ramón Navarro

© 2009, Carlos Montemayor

Derechos reservados

© 2009, Editorial Planeta Mexicana, S.A. de C.V.
Bajo el sello editorial SEIX BARRAL
Avenida Presidente Masarik núm. 111, 2o. piso
Colonia Chapultepec Morales
C.P. 11570 México, D.F.
www.editorialplaneta.com.mx

Primera edición: marzo de 2009
ISBN: 978-607-7-00090-7

Impreso en los talleres de Litográfica Ingramex, S.A. de C.V.
Centeno núm. 162, colonia Granjas Esmeralda, México, D.F.
Impreso y hecho en México - *Printed and made in Mexico*

Nota introductoria

Este libro se propone celebrar, a partir del tema amoroso, el gusto por la poesía y por el idioma. He reunido en él ciertos poemas españoles y mexicanos que me han provocado admiración como lector, no como historiador de la literatura. Por ello este libro no tiene propósitos escolares ni se propone dar una visión exhaustiva de la poesía en nuestra lengua.

Se trata de una rápida visión personal, por lo que respecta a España, del Cancionero, el Romancero y los poetas de los siglos xv al xvii. Las primeras secciones del libro corresponden a esos periodos. La cuarta sección, quizás la más amplia, contiene poemas de autores mexicanos del siglo xvii hasta nuestros días. La ausencia de algunos grandes nombres y de algunos célebres poemas no obedece a ningún desinterés de mi parte; he tratado tan sólo de reunir otros grandes momentos de la poesía mexicana que no siempre aparecen en antologías de tipo académico y especializado. La última sección es una pequeña muestra del ingenio hispanoamericano en las coplas populares de tema amoroso que a menudo revelan sus fuertes lazos con los viejos cancioneros españoles. El gusto y la admiración, pues, no el compromiso académico, han guiado la selección de todas las palabras de amor que este libro contiene.

Carlos Montemayor
México, enero de 1996

CANCIONERO
ANÓNIMO ESPAÑOL

Los poemas anónimos que aparecen en esta sección provienen, en su gran mayoría, de diferentes compendios del Siglo de Oro, principalmente del *Cancionero de Baena, Cancionero de Barbieri y Cancionero de Uppsala.* El primer poema es una canción judeoespañola procedente de Tetuán, que Manuel Alvar ha recopilado en *Poesía tradicional de los judíos españoles.* Algunas otras coplas provienen del *Libro de música de vihuela* de Diego Pisador y del *Vocabulario de Correas.*

1

Fuérame a bañar
a orías[1] del río,
ahí encontré, madre,
a mi lindo amigo;
él me dio un abrazo,
yo le di cinco.

Fuérame a bañar
a orías del claro,
ahí encontré, madre,
a mi lindo amado:
él me dio un abrazo,
yo le di cuatro.[2]

2

Aquellas sierras, madre,
altas son de subir,
corrían los caños,[3]
daban en el toronjil.

Madre, aquellas sierras
llenas son de flores,
encima d'ellas
tengo mis amores.

3

Agora[4] que sé de amor,
me metéis[5] monja,
¡ay, Dios, qué grave cosa!
Agora que sé de amor
de caballero,
agora me metéis monja
en el monasterio,
¡ay, Dios, qué grave cosa!

4

Manda pregonar el rey
por Granada y por Sevilla
que todo hombre enamorado
que se case con su amiga;
quiero dormir y no puedo,
que el amor me quita el sueño.

Que se case con su amiga,
¿qué haré yo, triste, cuitado,[6]
que era casada la mía?;

---

[4] Ahora.
[5] "Me obligáis a profesar o meterme de monja".
[6] Triste, afligido.

quiero dormir y no puedo,
que el amor me quita el sueño.

5

Si amores me han de matar,
agora tienen lugar.

6

La ventura del olvido
no la conocí jamás,
que siempre he querido más
lo que olvidar he querido.

7

Perdida traigo la color:
todos me dicen que lo he de amor.[7]
Viniendo de romería
encontré a mi buen amor:
pidiérame tres besicos,
luego perdí la color.
Dicen que a mí lo he de amor.[8]
Perdida traigo la color,
todos me dicen que lo he de amor.

---

[7] "...que se debe al amor".
[8] "me dicen que se debe al amor".

Si los delfines mueren de amores,
¡triste de mí!, ¿qué harán los hombres
que tienen tiernos los corazones?
¡Triste de mí! ¿Qué harán los hombres?

ROMANCERO

Los poemas de esta sección provienen
fundamentalmente de la *Flor nueva de Ro-
mances viejos* de Ramón Menéndez Pidal, aunque el *Romance de la cazadora* y el *Romance del
cazador cazado* provienen de algunos manuscritos de
la Biblioteca Nacional de Madrid citados por Dámaso
Alonso en *De los siglos oscuros al de oro.*

Romance de
La Misa del Amor

Mañanita de san Juan,
mañanita de primor,
cuando damas y galanes
van a oír misa mayor.
Allá va la mi señora,
entre todas la mejor;
viste saya sobre saya,
mantellín de tornasol,[1]
camisa con oro y perlas
bordada en el cabezón. [2]
En la su boca muy linda
lleva un poco de dulzor;
en la su cara tan blanca,
un poquito de arrebol,[3]
y en los sus ojuelos garzos
lleva un poco de alcohol; [4]
así entraba por la iglesia
relumbrando como el sol.
Las damas mueren de envidia,
y los galanes de amor.

---

[1] Toca de tela tornasolada.
[2] Parte superior de la camisa que rodea el cuello.
[3] Cosmético de color rojo.
[4] Polvo fino que las mujeres usaban para oscurecer los bordes de los párpados, pestañas y cejas.

El que cantaba en el coro,
en el credo se perdió;
el abad que dice misa,
ha troncado[5] la lición;[6]
monaçillos[7] que le ayudan,
no aciertan responder, non,[8]
por decir amén, amén,
decían amor, amor.

---

[5] Cambiado, modificado.
[6] Lección litúrgica, secuencia de la misa.
[7] Monaguillos.
[8] No.

Romance de
El amor más poderoso
que la muerte

Conde Niño por amores
es niño y pasó la mar;
va a dar agua a su caballo
la mañana de San Juan.
Mientras el caballo bebe
él canta dulce cantar;
todas las aves del cielo
se paraban a escuchar,
caminante que camina
olvida su caminar,
navegante que navega
la nave vuelve hacia allá.
La reina estaba labrando,
la hija durmiendo está.
—Levantaos, Albaniña,
de vuestro dulce folgar,[9]
sentiréis[10] cantar hermoso
la sirenita del mar.
—No es la sirenita, madre,
la de tan bello cantar,
sino es el Conde Niño
que por mí quiere finar.[11]

---

[9] Descanso, gozar del sueño.
[10] Escucharéis.
[11] Desfallecer, morir.

¡Quién le pudiese valer[12]
en su tan triste penar!
—Si por tus amores pena,
¡oh, malhaya su cantar!
Y porque nunca los goce
yo le mandaré matar.
—Si le manda matar, madre,
juntos nos han de enterrar.
Él murió a la medianoche,
ella a los gallos cantar;
a ella como hija de reyes
la entierran en el altar,
a él como hijo de conde
unos pasos más atrás.
De ella nació un rosal blanco,
dél nació un espino albar;
crece el uno, crece el otro,
los dos se van a juntar;
las ramitas que se alcanzan
fuertes abrazos se dan,
y las que no se alcanzaban
no dejan de suspirar.
La reina, llena de envidia,
ambos los mandó cortar;
el galán que los cortaba
no cesaba de llorar.
De ella naciera una garza,
de él un fuerte gavilán,
juntos vuelan por el cielo,
juntos vuelan par a par.

[12] Ayudar.

Romance de
don Tristán de Leonís y de la reina
Iseo, que tanto amor se guardaron

Herido está don Tristán
de una muy mala lanzada,
diérasela el rey su tío
por celos que de él cataba;[13]
diósela desde una torre
con una lanza herbolada:[14]
el hierro tiene en el cuerpo,
de fuera le tiembla el asta.
Mal se queja don Tristán,
que la muerte le aquejaba;
preguntando por Iseo
muy tristemente lloraba:
"¿Qué es de ti, la mi señora?
Mala sea tu tardanza,
que si mis ojos te viesen
sanaría esta mi llaga".
Llegó allí la reina Iseo,
la su linda enamorada,
cubierta de paños negros,
sin del rey dársele nada:[15]
"¡Quién vos hirió, don Tristán,
heridas tenga de rabia,

---

[13] Miraba, pensaba.
[14] Hechizada con hierbas.
[15] "sin temer al rey".

y que no hallase maestro[16]
que supiese de sanallas!"[17]
Júntase boca con boca,
llora el uno, llora el otro,
la tierra toda se baña;
allí donde los entierran
nace una azucena blanca.

---

[16] Doctor, médico.
[17] Sanadas.

Romance de
El enamorado y la muerte

Un sueño soñaba anoche,
soñito[18] del alma mía,
soñaba con mis amores
que en mis brazos los tenía.
Vi entrar señora tan blanca
muy más que la nieve fría.
—¿Por dónde has entrado amor?
¿Cómo has entrado mi vida?
Las puertas están cerradas,
ventanas y celosías.
—No soy el amor, amante:
la Muerte que Dios te envía.
—¡Ay, Muerte tan rigurosa,
déjame vivir un día!
—Un día no puede ser,
una hora tienes de vida.
Muy de prisa se calzaba,
más de prisa se vestía;
ya se va para la calle,
en donde su amor vivía.
—Ábreme la puerta, blanca,
ábreme la puerta niña!
—¿Cómo te podré yo abrir
si la ocasión no es venida?

---

[18] Sueñito.

Mi padre no fue al palacio,
mi madre no está dormida.
—Si no me abres esta noche,
ya no me abrirás, querida;
la Muerte me está buscando,
junto a ti vida sería.
—Vete bajo la ventana
donde labraba y cosía,
te echaré cordón de seda
para que subas arriba,
y si el cordón no alcanzare
mis trenzas añadiría.
La fina seda se rompe;
la Muerte que allí venía:
—Vamos, el enamorado,
que la hora ya está cumplida.

Romance de
La lavandera

Yo me levantara, madre,
La mañana de San Juan,
Vide estar una doncella
Ribericas de la mar;
Sola lava, sola tuerce,
Sola tiende en un rosal;
Mientras los paños se enjugan
Dice la niña un cantar:
—¿Dó[19] los mis amores, dó los,
Dó los andaré a buscar?[20]
Mar arriba, mar abajo,
Diciendo iba el cantar:
—Dígasme tú, el marinero,
Que Dios te guarde de mal,
Si los viste mis amores,
Si los viste allá pasar.

---

[19] Dónde.
[20] "¿...donde los iré a buscar.

Romance de La cazadora

A cazar pajaritos
sale la niña
y en sus bellos ojos
lleva la liga[21]
...
Diestra cazadora
que al más libre enlaza,
corazones caza
y almas enamora;
todo el mundo adora
las flechas y heridas,
y en sus bellos ojos
lleva la liga.

[21] Se refiere a una liga con la que se atrapaba y se sujetaba a las aves.

Romance de
El cazador cazado

Pensando al amor cazar,
yo me hice cazador,
y a mí cazóme el amor.

Entré yo muy descuidado
en el monte de Cupido,
por ver si había venado
y hallé un ciervo escondido:

muy a paso sin ruido
arrojéle un pasador,[22]
y a mí cazóme el amor.

Desque[23] herido le vi
empecé a correr tras él,
y corriendo me perdí
por una sierra cruel;
pero al fin vi un vergel,
que sois vos, lleno de flor,
y allí cazóme el amor.

---

[22] Cierto tipo de saeta muy aguda.
[23] Desde que.

POEMAS DE AUTORES ESPAÑOLES DEL SIGLO XV AL XVII

He agregado en esta sección de
poetas españoles también a dos poetas
portugueses del siglo XVI, Luis de Camões y
Gil Vicente, que cultivaron con gran talento el
verso en lengua castellana.

CANCIÓN

Amor, yo nunca pensé,
aunque poderoso eras,
que podrías tener maneras
para transtornar la fe,
hasta ahora[1] que lo sé.

Pensaba que conocido
te debía yo tener,
mas no pudiera creer[2]
que eras tan mal sabido,
ni[3] tan poco yo pensé,
aunque poderoso eras,
que podrías tener maneras
para transtornar la fe,
hasta ahora que lo sé.

---

[1] En el original se emplea la forma arcaica *fastagora*.
[2] En el original: *mas non podiera creher*.
[3] En el original: *nin*.

JORGE MANRIQUE
(1440?-1478)

Canción

Con dolorido cuidado,
desgrado, pena y dolor,
parto yo, triste amador
d'amores desamparado,
d'amores, que no d'amor.

Y el corazón enemigo
de lo que mi vida quiere,
ni halla vida, ni muere,
ni queda, ni va conmigo:
sin ventura, desdichado,
sin consuelo, sin favor,
parto yo triste amador,
d'amores desamparado,
d'amores, que no d'amor.

Canción

Vánse mis amores, madre,
Luengas tierras van a morar.[4]
Yo no los puedo olvidar.
¿Quién me los hará tornar?[5]
¿Quién me los hará tornar?

Yo soñara, madre, un sueño
Que me dio en el corazón.
Que se iban los mis amores
A las islas de la mar.
Yo no los puedo olvidar.
¿Quién me los hará tornar?
¿Quién me los hará tornar?

Yo soñara, madre, un sueño
Que me dio en el corazón:
Que se iban los mis amores
A las tierras de Aragón.
Allá se van a morar.
Y no los puedo olvidar.
¿Quién me los hará tornar?
¿Quién me los hará tornar?

---

[4] "A lejanas tierras se van a vivir".
[5] "¿Quién hará que regresen a mí?"

JUAN DEL ENCINA
(1468-1529 SALAMANCA)

VILLANCICO

Más vale trocar
Placer por dolores
Que estar sin amores.
Donde es gradecido[6]
Es dulce morir;
Vivir en olvido
Aquél no es vivir;
Mejor es sufrir
Pasión y dolores
Que estar sin amores.
Es vida perdida
Vivir sin amar;
Y más es que vida
Saberla emplear;
Mejor es penar
Sufriendo dolores
Que estar sin amores.
La muerte es vitoria
Do vive afición;[7]
Que espere haber[8] gloria
Quien sufre pasión:
Más vale prisión

---

[6] Agradecido, bienvenido.
[7] Aflicción.
[8] Tener.

De tales dolores
Que estar sin amores.
El que es muy penado[9]
Más goza de amor;
Que el mucho cuidado
Le quita el temor;
Así que es mejor
Amar con dolores
Que estar sin amores.
No teme tormento
Quien ama con fe,
Si su pensamiento
Sin causa no fue;
Habiendo por qué,
Más valen dolores
Que estar sin amores.

Amor que no pena
No pida placer,
Pues ya le condena
Su poco querer:
Mejor es perder
Placer por dolores
Que estar sin amores.

---

[9] "quien esté muy afligido".

LUCAS FERNÁNDEZ
(1474?-1542)

VILLANCICOS

"Pastorcico lastimado
descordoja[10] tus dolores".
"¡Ay Dios, que muero de amores!"
"¿Cómo pudo tal dolencia
lastimarte, di, zagal?
¿Cómo enamorado mal
inficiona[11] tu inocencia?
De amor huye y su presencia:
no te engañen sus primores".
"¡Ay Dios, que muero de amores!"

"Dime, dime, di, pastor,
¿cómo acá entre estos boscajes
y entre estas bestias salvajes
os cautiva el dios de amor?
Sus halagos, su furor
¿sienten también labradores?"
"¡Ay Dios, que muero de amores!"...

---

[10] Desecha.
[11] Infecta, enferma.

CRISTÓBAL DE CASTILLEJO
(1490-1550)

CANCIÓN

Aquel caballero, madre,
como a mí le quiero yo,
y remedio no le dó.[12]
Él me quiere más que a sí,
yo le mato de cruel;
mas en serlo contra él
también lo soy contra mí.
De verle penar así
muy penada[13] vivo yo,
y remedio no le dó.

---

[12] No le doy o no le pongo remedio.
[13] Afligida.

MADRIGAL

Ojos claros, serenos,
Si de un dulce mirar sois alabados,
¿Por qué, si me miráis, miráis airados?
Si cuanto más piadosos,
Más bellos parecéis a aquel que os mira,
No me miréis con ira
porque no parezcáis menos hermosos.
¡Ay tormentos rabiosos!
Ojos claros, serenos,
Ya que así me miráis, miradme al menos.

LUIS DE CAMÕES
(1524-1580)

VOS TENÉIS...

Vos tenéis mi corazón

GLOSA

Mi corazón me han robado;
Y Amor, viendo mis enojos,
Me dijo: "Fuéte llevado
Por los más hermosos ojos
Que desque[14] vivo he mirado.
Gracias sobrenaturales
Te lo tienen en prisión".
Y si Amor tiene razón,
Señora, por las señales,
Vos tenéis mi corazón.

[14] Desde que.

¿QUÉ VERÉ QUE ME CONTENTE?

GLOSA

Desque una vez yo miré,
Señora, vuestra beldad,
Jamás por mi voluntad
Los ojos de vos quité.
Pues sin vos placer no siente
Mi vida, ni lo desea,
Si no queréis que yo os vea,
¿Qué veré que me contente?

CANCIÓN

Vuelas, ¡oh tortolilla!,
Y al tierno esposo dejas
En soledad y quejas.
Vuelves después gimiendo,
Recíbete arrullando,
Lasciva tú, si él blando;
Dichosa tú mil veces,
Que con el pico haces
Dulces guerras de Amor y dulces paces.

Testigo fue a tu amante
Aquel vestido tronco
De algún arrullo ronco;
Testigo también tuyo
Fue aquel tronco vestido,
De algún dulce gemido;
Campo fue de batalla,
y tálamo fue luego.
Árbol que tanto fue, perdone el fuego.

Mi piedad una a una
Contó, aves dichosas,
Vuestras quejas sabrosas;
Mi envidia ciento a ciento
Contó, dichosas aves,

Vuestros besos suaves.
Quien besos contó y quejas,
Las flores cuente a mayo.
Y al cielo las estrellas rayo a rayo.

Injuria es de las gentes
Que de una tortolilla
Amor tenga mancilla,
Y que un tierno amante
Escuche sordo el ruego
Y mire el daño ciego;
Al fin es dios alado,
Y plumas no son malas
Para lisonjear a un dios con alas.

Soneto

La dulce boca que a gustar convida
un humor entre perlas destilado
y a no envidiar aquel licor sagrado
que a Júpiter ministra el garzón de Ida,

amantes, no toquéis, si queréis vida;
porque entre un labio y otro colorado
Amor está, de su veneno armado,
cual entre flor y flor sierpe escondida.

No os engañen las rosas que a la Aurora
diréis que aljofardas y olorosas
se le cayeron del purpúreo seno;

manzanas son de Tántalo, y no rosas,
que después huyen del que incitan ora
y sólo del Amor queda el veneno.

LOPE DE VEGA
(1562-1635)

CANCIÓN A LA MANERA TRADICIONAL

Si os partiéredes al alba
quedito, pasito, amor,
no espantéis al ruiseñor.

Si os levantáis de mañana
de los brazos que os desean,
porque en los brazos no os vean
de alguna envidia liviana,
pisad con planta de lana,
quedito, pasito, amor,
no espantéis al ruiseñor.

LOPE DE VEGA
(1562-1635)

QUERER LA PROPIA DESDICHA

Celos, que amor en las sospechas cría,
Son de la paz una insufrible ausencia,
Una solicitud y diligencia
Que mueve la turbada fantasía.

Son una indivisible compañía
Celos y amor, y aun pienso que una esencia,
Pero con esta sola diferencia:
Que celos son la noche, amor el día.

Forzosos celos son, no son violentos;
Apenas nace amor, cuando los llama;
Nadie puede entender sus movimientos,

Ninguno defenderse de su llama,
Porque si son los celos pensamientos,
¿Quién puede no pensar perder lo que ama?

FRANCISCO DE QUEVEDO Y VILLEGAS
(1580-1645)

Amor constante más allá de la muerte

Cerrar podrá mis ojos la postrera
sombra que me llevare el blanco día,
y podrá desatar esta alma mía
hora a su afán ansioso lisonjera;

mas no de esotra parte en la ribera
dejará la memoria en donde ardía:
nadar sabe mi llama la agua fría
y perder el respeto a ley severa.

Alma a quien todo un dios prisión ha sido,
venas que humor a tanto fuego han dado,
medulas que han gloriosamente ardido,

su cuerpo dejarán, no su cuidado;
serán cenizas, mas tendrán sentido;
polvo serán, mas polvo enamorado.

PEDRO CALDERÓN DE LA BARCA
(1600-1681)

Monólogo de Justina[15]

Aquel ruiseñor amante
es quien respuesta me da,
enamorando constante
a su consorte, que está
un ramo más adelante.
Calla, ruiseñor; no aquí
imaginar me hagas ya,
por las quejas que te oí,
cómo un hombre sentirá,
si siente un pájaro así.
Mas no: una vid fue lasciva,
que buscando fugitiva
va el tronco donde se enlace,
siendo el verdor con que abrace
el peso con que derriba.
No así con verdes abrazos
me hagas pensar en quien amas,
vid, que dudaré en tus lazos,
si así abrazan unas ramas,
cómo enraman unos brazos.

Y si no es la vid, será
aquel girasol, que está

---

[15] Corresponde a la Jornada III de *El mágico prodigioso;* la última respuesta: "amor, amor", la dice el Coro.

viendo cara a cara al sol,
tras cuyo hermoso arrebol
siempre moviéndose va.
No sigas, no, tus enojos,
flor, con marchitos despojos:
qué pensarán mis congojas,
si así lloran unas hojas,
cómo lloran unos ojos.
Cesa, amante ruiseñor,
desúnete, vid frondosa,
párate, inconstante flor,
o decid: ¿qué venenosa
fuerza usáis? *¡Amor, amor!*

POETAS MEXICANOS

Como expliqué en el prólogo, esta selección de poemas de amor de poetas españoles y mexicanos no tiene propósitos escolares ni se propone dar una visión histórica exhaustiva de la poesía mexicana; se trata de una visión personal de poemas mexicanos que desde hace muchos años deseaba reunir en un volumen temático como éste. La selección obedece, pues, solamente al gusto y a la admiración que ciertos poemas mexicanos me han provocado como lector, no como historiador de la literatura. He incluido también a uno de los magníficos poetas guatemaltecos que tiene muchos años escribiendo en nuestro país: Otto-Raúl González.

EN QUE DESCRIBE LOS EFECTOS IRRACIONALES DEL AMOR

Este amoroso tormento
que en mi corazón se ve,
sé que lo siento y no sé
la causa por que lo siento.

Siento una grave agonía
por lograr un devaneo,
que empieza como deseo
y para en melancolía.

Siento un anhelo tirano
por la ocasión a que aspiro,
y cuando cerca la miro
yo misma aparto la mano.

Porque si acaso se ofrece,
después de tanto desvelo,
la desazona el recelo
o el susto la desvanece.

Siento mal del mismo bien
con receloso temor,
y me obliga el mismo amor
tal vez a mostrar desdén.

Nunca hallo gusto cumplido
porque, entre alivio y dolor,
hallo culpa en el amor
y disculpa en el olvido.

Esto de mi pena dura
es algo del dolor fiero,
y mucho más no refiero
porque pasa de locura.

Si acaso me contradigo
en este confuso error,
aquel que tuviere amor
entenderá lo que digo.

JOSÉ MANUEL MARTÍNEZ DE NAVARRETE
(1768-1809)

Duda Amorosa

Si por una cosa rara
dos corazones tuviera,
en uno Filis entrara,
en otro a Doris pusiera,
y allí a las dos contentara.

Pero si uno solo tengo
no podré darlo a ninguna,
porque luego me detengo
en que si lo doy a una
al rigor de la otra vengo.

Darlo a las dos es buscar,
si se examina despacio,
guerra en que siempre han de estar;
porque en un solo palacio
dos no pueden gobernar.

Qué hacer en tal confusión
no alcanzo; mas si supiera,
que no había de haber cuestión,
sin duda a cada una diera
la mitad del corazón.

Así una vez discurría,
y amor, que en mi pecho estaba,
en lo interior me decía
que si a dos darlo pensaba,
a ninguna lo daría.

Que es la ley la más oportuna,
aunque de un tan ciego dios,
que se quiera sólo a una;
porque aquel que quiere a dos
no quiere bien a ninguna.

Luego el corazón lo di
a Doris; y mal pagado,
al punto me arrepentí,
de que no lo hubiera dado
a Filis. ¡Triste de mí!

ENRIQUE FERNÁNDEZ GRANADOS
(1867-1920)

A Lidia

¿Qué soy falso y aleve,
traidor y vil, Y pérfido y malvado?
Y… ¿qué más? ¿Nada más te han declarado
los pétalos de nieve
de la cándida flor que has deshojado?
¿Que yo no tengo amor, que lo he fingido,
que Irene, diestra en la maldad me incita?
¿Que no te quiero, no, ni te he querido?…
¡Vaya una mentirosa margarita!

LUIS G. URBINA
(1867-1934)

METAMORFOSIS
MADRIGAL ROMÁNTICO

Era un cautivo beso enamorado
de una mano de nieve que tenía
la apariencia de un lirio desmayado
y el palpitar de un ave en agonía.
Y sucedió que un día,
aquella mano suave
de palidez de cirio,
de languidez de lirio,
de palpitar de ave,
se acercó tanto a la prisión del beso,
que ya no pudo más el pobre preso
y se escapó; mas, con voluble giro,
huyó la mano hasta el confín lejano,
y el beso, que volaba tras la mano,
rompiendo el aire, se volvió suspiro.

ENRIQUE GONZÁLEZ MARTÍNEZ
(1871-1952)

EL BAÑO

Ya dejas el plumón. Las presurosas
manos desatan el discreto nudo,
y queda el cuerpo escultural desnudo
volcán de nieve en explosión de rosas.

El baño espera. De estrecharte ansiosas
están las aguas, y en el mármol mudo,
un esculpido sátiro membrudo
te contempla con ansias amorosas.

Entras al fin y el agua se estremece,
en tanto, allá en el orto ya parece
el claro sol de refulgente rastro.

Y cuando ufana de las fuentes sales,
de tu alcoba a los diáfanos cristales,
por mirarte salir, se asoma el astro.

EFRÉN REBOLLEDO
(1877-1929)

LOS BESOS

Dame tus manos puras; una gema
pondrá en cada falange transparente
mi labio tembloroso, y en tu frente
cincelará una fúlgida diadema.

Tus ojos soñadores, donde trema
la ilusión, besará amorosamente,
y con tu boca rimará mi ardiente
boca un anacreóntico poema.

Y en tu cuello escondido entre las gasas
encenderé un collar que con sus brasas
queme tus hombros tibios y morenos.

Y cuando al desvestirte lo desates
caiga como una lluvia de granates
calcinados los lirios de tus senos.

EFRÉN REBOLLEDO
(1877-1929)

Tú no sabes lo que es ser esclavo

Tú no sabes lo que es ser esclavo
de un amor impetuoso y ardiente
y llevar un afán como un clavo,
como un clavo metido en la frente.

Tú no sabes lo que es la codicia
de morder en la boca anhelada,
resbalando su inquieta caricia
por contornos de carne nevada.

Tú no sabes los males sufridos
por quien lucha sin fuerzas y ruega,
y mantiene sus brazos tendidos
hacia un cuerpo que nunca se entrega.

Y no sabes lo que es el despecho
de pensar en tus formas divinas
revolviéndome solo en mi lecho
que el insomnio ha sembrado de espinas.

ALFONSO REYES
(1889-1959)

COPLAS

1

Andabas con sed de gozo,
como hija de la pena.
¿Sí o no?
debajo de tu rebozo
me pasé la Noche Buena.

2

Sirena que entre las olas
se esconde para no verme,
¿con quién habla a solas,
con quién duerme?

3

Bordado de la almohada
que castigaste su orgullo
y la dejaste marcada:
cuéntame si está en capullo
o si es que duerme casada.

CARLOS PELLICER
(1897-1977)

RECINTO

I

Antes que otro poema
—del mar, de la tierra o del cielo—
venga a ceñir mi voz, a tu esperada
persona limitándome, corono
más alto que la excelsa geografía
de nuestro amor, el reino ilimitado.

Y a ti, por ti y en ti vivo y adoro.
Y el silencioso beso que en tus manos
tan dulcemente dejo,
arrinconada mi voz,
al sentirme tan cerca de tu vida.

Antes que otro poema
me engarce en sus retóricas,
yo me inclino a beber el agua fuente
de tu amor en tus manos, que no apagan
mi sed de ti, porque tus dulces manos
me dejan en los labios las arenas
de una divina sed.

Y así eres el desierto por
el cuádruple horizonte de las ansias

que suscitas en mí; por el oasis
que hay en tu corazón para mi viaje
que en ti, por ti y a ti voy alineando,
con la alegría del paisaje nido
que voltea cuadernos de sembrados...

Antes que otro poema
tome la ciudadela a fuego ritmo,
yo te digo, callando,
lo que el alma en los ojos dice sólo.
La mirada desnuda, sin historia,
ya estés junto, ya lejos,
ya tan cerca o tan lejos o cerca reprimirse
y apoderarse en la luz de un orbe lágrima,
allá, aquí, presente, ausente,
por ti, a ti y en ti, oh ser amado,
adorada persona
por quien —secretamente— así he cantado.

II

Que se cierre esa puerta
que no me deja estar a solas con tus besos.
Que se cierre esa puerta
por donde campos, sol y rosas quieren vemos.
Esa puerta por donde
la cal azul de los pilares entra
a mirar como niños maliciosos
la timidez de nuestras dos caricias
que no se dan porque la puerta, abierta...

Por razones serenas
pasamos largo tiempo a puerta abierta.
Y arriesgado es besarte
y oprimirse las manos, ni siquiera
mirarse demasiado, ni siquiera
callar en buena lid…
Pero en la noche
la puerta se echa encima de sí misma
y se cierra tan ciega y claramente,
que nos sentimos ya, tú y yo, en campo abierto
escogiendo caricias como joyas
ocultas en las noches con jardines
puestos en las rodillas de los montes,
pero solos, tú y yo.

La mórbida penumbra
enlaza nuestros cuerpos y saquea
mi ternura tesoro,
la fuerza de mis brazos que te agobian
tan dulcemente, el gran beso insaciable
que se bebe a sí mismo
y en su espacio redime
lo pequeño de ilímites distancias…

Dichosa puerta que nos acompañas,
cerrada, en nuestra dicha. Tu obstrucción
es la liberación de estas dos cárceles;
la escapatoria de las dos pisadas
idénticas que saltan a la nube
de la que se regresa en la mañana.

IV

Vida,
ten piedad de nuestra inmensa dicha.
De este amor cuya órbita concilia
la estatuaria fugaz de día y noche.
Este amor cuyos juegos son desnudo
espejo reflector de aguas intactas.
Oh, persona sedienta que del brote
de una mirada suspendiste
el aire del poema,
la música riachuelo que te ciñe
del fino torso a los serenos ojos
para robarse el fuego de tu cuerpo
y entibiar las rodillas del remanso.
Vida,
ten piedad del amor en cuyo orden
somos los capiteles coronados.
Este amor que ascendimos y doblamos
para ocultar lo oculto que ocultamos.
Tenso viso de seda
del horizonte labio de la ausencia,
brilla.
Salgo a mirar el valle y en un monte
pongo los ojos donde tú a esas horas
pasas junto a recuerdos y rocío
entre el mudo clamor de egregias rosas
y los activos brazos del estío.

RENATO LEDUC

(1897-1986)

ANADYOMENA

Patricia displicencia con que cruzas
la maravilla doble de tus piernas.
Torno a la beatitud contemplativa
de mis ancestros, cuando te contemplo,
y en tu hiperbórea doncellez presiente
        augustas lejanías,
        Anadyomena.

Sólo un dios inmortal o una bestia
podrá enfangar o sublimar tu carne.
Va girando la noche. En mi penuria,
te ofrezco la sortija de Saturno;
y la cauda nupcial de los cometas;
y el joyel deslumbrante
de las constelaciones gigantescas...

Y pregunto a Heráclito y Omar,
padres de mi desesperanza:
el viento que rizó su cabellera,
el agua que besó su desnudez,
¿quién me puede decir en dónde está?
Patricia displicencia con que cruzas
la maravilla doble de tus piernas.
Porque me sabes a tu arbitrio abusas;
porque conoces tu poder, me infiernas.

Va girando la noche.
Y la quejumbrante secular del sexo
clama por ti. —Hoy como siempre
las estrellas —heteras tremulantes—
dejan caer su guiño a los mortales.

Hoy, como siempre,
tu jactanciosa excelsitud me insulfa
posibilidades, po-si-bi-li-da-des.

ENRIQUE GONZÁLEZ ROJO
(1899-1939)

MUJER DESNUDA

Nevó toda la noche
sobre el jardín de tu cuerpo;
mas todavía hay rosas
y botones abiertos.

Las dóciles hebras sutiles
de la última rama del árbol
caen como lluvia de oro
sobre la firme blancura de los tallos.

Violetas
que se ocultan
en la hierba de tus pestañas,
apasionadas y profundas.

Hay dos rosas dormidas
con turbador ensueño
en las magnolias impasibles
de tus senos.

Y más oro
en los muslos
porque pinta el sol la seda
de los musgos.

Y tus pies y tus manos,
menudas y largas raíces,
ahondan la tierra
temblorosa de amor de los jardines.

EFRAÍN HUERTA
(1914-1982)

LA MUCHACHA EBRIA

Este lánguido caer en brazos de una desconocida,
esta brutal tarea de pisotear mariposas y
    sombras y cadáveres;
este pensarse árbol, botella o chorro de alcohol,
huella de pie dormido, navaja verde o negra;
este instante durísimo en que una muchacha grita,
gesticula y sueña por una virtud que nunca fue la suya.
Todo esto no es sino la noche,
sino la noche grávida de sangre y leche,
de niños que se asfixian,
de mujeres carbonizadas
y varones morenos de soledad
y misterioso, sofocante desgaste.
Sino la noche de la muchacha ebria
cuyos gritos de rabia y melancolía
me hirieron como el llanto purísimo,
como las náuseas y el rencor,
como el abandono y la voz de las mendigas.

Lo triste es este llanto, amigos, hecho de vidrio
    molido
y fúnebres gardenias despedazadas en el umbral de
    las cantinas,
llanto y sudor molidos, en que hombres desnudos,
    con sólo negra barba

y feas manos de miel se bañan sin angustia, sin tristeza;
llanto ebrio, lágrimas de claveles, de tabernas
     enmohecidas,
de la muchacha que se embriaga sin tedio ni
     pesadumbre,
de la muchacha que una noche —y era una santa
     noche—
me entrega su corazón derretido,
sus manos de agua caliente, césped, seda,
sus pensamientos tan parecidos a pájaros muertos,
sus torpes arrebatos de ternura,
su boca que sabía a taza mordida por dientes de
     borrachos,
su pecho suave como una mejilla con fiebre,
y sus brazos y piernas con tatuajes,
y su naciente tuberculosis,
y su dormido sexo de orquídea martirizada.

Ah la muchacha ebria, la muchacha del sonreír
     estúpido
y la generosidad en la punta de los dedos,
la muchacha de la confiada, inefable ternura para un
     hombre,
como yo, escapado apenas de la violencia amorosa.
Este tierno recuerdo siempre será una lámpara frente
     a mis ojos,
una flecha sangrienta y abatida.

¡Por la muchacha ebria, amigos míos!

MARGARITA MICHELENA
(1917-1998)

NUEVO ORIGEN

Estás entre mis brazos
—aún no sé de tu extraña procedencia—
con tus ojos huidos de un firmamento opaco
y tus labios de una ardiente madera.

Eres de nuevo el mundo
que me arrastra y me llama.
Amargo y dulce fuego,
¿por qué sigo,
ya sin oír mis voces descarnadas y altas,
tu ceniza y tu sangre
y tu voz extranjera?

Hablas en el idioma de todo lo que arde.
Y en todo igual al fuego,
entre mis propios brazos te levantas
y luego, consumido,
en silencio te apagas.
Y te acogen mis manos, claras, vivas, indemnes,
como la sombra muda con que esperan los árboles.

Música ardiente, libre en mi sangre pálida,
sobre el invierno del pertinaz banquete
en que yo he sido a un tiempo
el hambre sin medida

y el sórdido alimento…
Oh voz antigua nueva,
la misma que ya estuvo pendiente de una rama
en otro paraíso,
la misma que convierte en vinos estivales
la inocencia del agua.

ALÍ CHUMACERO
(1918)

Poema de amorosa raíz

Antes que el viento fuera mar volcado,
que la noche se unciera su vestido de luto
y que estrellas y luna fincaran sobre el cielo
la albura de sus cuerpos.

Antes que luz, que sombras y que montaña
miraran levantarse las almas de sus cúspides;
primero que algo fuera flotando bajo el aire;
tiempo antes que el principio.

Cuando aún no nacía la esperanza
ni vagaban los ángeles en su firme blancura;
cuando el agua no estaba ni en la ciencia de Dios;
antes, antes, muy antes.

Cuando aún no había flores en las sendas
porque las sendas no eran ni las flores estaban;
cuando azul no era el cielo ni rojas las hormigas,
ya éramos tú y yo.

OTTO-RAÚL GONZÁLEZ

(1921-2007)

AMÉ SU CUERPO ENTONCES

Amé su cuerpo entonces y su alma.

Su piel fue para mí la tierra firme;
la soñé como un sexto continente
no registrado en mapas todavía.

Soñé con la bahía de su boca.

Su pelo era una selva virgen
que abría su misterio mineral y oscuro.
Soñé con las ciudades de sus pechos.

Los ríos de las venas que afloran en su piel
eran rutas abiertas
a la navegación y al gozo.

Se podía viajar en su mirada.

En las blancas llanuras de sus manos
yo cultivé el maíz y buenas relaciones.

Después no pude estar sino en su cercanía.

RUBÉN BONIFAZ NUÑO
(1923)

AMIGA A LA QUE AMO

Amiga a la que amo: no envejezcas.
Que se detenga el tiempo sin tocarte;
que no te quite el manto
de la perfecta juventud.
Inmóvil junto a tu cuerpo de muchacha dulce
quede, al hallarte, el tiempo.

Si tu hermosura ha sido
la llave del amor, si tu hermosura
con el amor me ha dado
la certidumbre de la dicha,
la compañía sin dolor, el vuelo,
guárdate hermosa, joven siempre.

No quiero ni pensar lo que tendría
de soledad mi corazón necesitado,
si la vejez dañina, prejuiciosa
cargara en ti la mano,
y mordiera tu piel, desvencijara
tus dientes, y la música
que mueves, al moverte, deshiciera.

Guárdame siempre en la delicia
de tus dientes parejos, de tus ojos,
de tus olores buenos,

de tus abrazos que me enseñas
cuando a solas conmigo te has quedado
desnuda toda, en sombras,
sin más luz que la tuya,
porque tu cuerpo alumbra cuando amas,
más tierna tú que las pequeñas flores
con que te adorno a veces.

Guárdame en la alegría de mirarte
ir y venir en ritmo, caminando
y, al caminar, meciéndote
como si regresaras de la llave del agua
llevando un cántaro en el hombro.

Y cuando me haga viejo,
y engorde y quede calvo, no te apiades
de mis ojos hinchados, de mis dientes
postizos, de las canas que me salgan
por la nariz. Aléjame,
no te apiades, destiérrame, te pido;
hermosa entonces, joven como ahora,
no me ames; recuérdame
tal como fui al cantarte, cuando era
yo tu voz y tu escudo,
y estabas sola, y te sirvió mi mano.

La Anunciación

I

Porque desde el principio me estabas destinado.
Antes de las edades del trigo y de la alondra
y aún antes de los peces.
Cuando Dios no tenía más que horizontes
de ilimitado azul y el universo
era una voluntad no pronunciada.
Cuando todo yacía en el regazo
divino, entremezclado y confundido,
yacíamos tú y yo totales, juntos.
Pero vino el castigo de la arcilla.
Me tomó entre sus dedos, desgarrándome
de la absoluta plenitud antigua.
Modeló mis caderas y mis hombros,
me encendió de vigilias sin sosiego
y me negó el olvido.
Yo sabía que estabas dormido entre las cosas
y respiraba el aire para ver si te hallaba
y bebía de las fuentes como para beberte.
Huérfana de tu peso dulce sobre mi pecho,
sin nombre mientras tú no descendieras
languidecía, triste, en el destierro.
Un cántaro vacío semejaba
nostálgico de vinos generosos

y de sonoras e inefables aguas.
Una cítara muda parecía.
No podía siquiera morir como el que cae
aflojando los músculos en una
brusca renunciación. Me flagelaba
la feroz certidumbre de tu ausencia,
adelante, buscando tu huella o tus señales.
No podía morir porque aguardaba.

Porque desde el principio me estabas destinado
era mi soledad de un tránsito sombrío
y un ímpetu de fiebre inconsolable.

II

Porque habías de venir a quebrantar mis huesos
y cuando Dios les daba consistencia pensaba
en hacerlos menores que tu fuerza.
Dócil a tu ademán redondo mi cintura
ya tus orejas vírgenes mi voz, disciplinada
en tangibles sílabas de espuma.
Multiplicó el latido de mis sienes,
organizó las redes de mis venas
y ensanchó las planicies de mi espalda.
Y yo medí mis pasos por la tierra
para no hacerte daño.
Porque ante ti que estás hecho de nieve
y de vellones cándidos y pétalos
debo ser como un arca y como un templo:
ungida y fervorosa,
elevada en incienso y en campanas.

CUADROS DE JALAPA BAJO LA LLUVIA

II

Jalapa fue el varón
que equilibró el vaivén de mis temperaturas.
Yo lo amé hasta la médula misma de los días.
Tenía un caoba en llamas
bajándole desde el cerco de sus ojos de ciervo,
hasta la sed de mi cintura.
Nunca mejor jinete cabalgó en las llanuras,
nunca la rueca hiló mejor el misterio de su música.
Yo me asomaba al fondo de mi hambre
para medir su piel,
y era un bosque en incendio
el canela de luz que sostenía su columna.

ENRIQUETA OCHOA
(1928-2008)

SIN TI, NO

II

Me huelen a ti hasta el nardo y la rosa
que siempre tuvieron su digno aroma propio;
y ando henchida, palpitante,
el tiempo que lo guardo en la memoria.
Lo acaricio con mimo, con nostalgia;
lo dejo reposar como al buen vino,
y a veces lo hago cantar para que dure hasta la hora
del renuevo.
No sé si consigo decir lo que yo digo;
a veces me siento como un animalito sorprendido
en la mitad del sueño,
oyéndome decir tantas palabras,
riñendo al viento que asoma a mi retiro
y pido un minuto de sesenta siglos
para conmemorar la fiesta del sentido
que borra hasta el perfume de las rosas
para dejar que huela, que te huela,
hasta que todo queda entre tu olor; perdido.

EDUARDO LIZALDE
(1929)

DICEN QUE EL AMOR EMBELLECE

Y es cierto:
yo la vi embellecer contra mi vida
y no logré nunca volverla menos joven
ni menos bella a mi favor.
El amor embellece
y nadie lo detiene, en esos casos.
Yo la vi embellecer,
con mala envidia,
sin pizca de literatura:
La vi afinar el testo marfilino
de su fisonomía,
vi andar la primavera por su piel
en dos semanas —y era enero—;
vi sus senos medianos florecer,
los troncos de sus muslos redondear,
su pelo en sedas de ceñida flama
desplegarse;
vi la vida crecer en tomo suyo
como en un invernadero de carnes opulentas
y florales,
y vi de cerca, junto a sus mejillas,
que el vello como trigo pequeñísimo
se doraba
al sol y al viento de otros dedos.

En algo han de tener razón los religiosos:
¿cómo
tanta belleza en esos montes
y cascadas?
¿quién ama el mundo
cuando logra ser bello?

MARCO ANTONIO MONTES DE OCA
(1932-2009)

ALGO MÁS QUE LA SED

El noventa por ciento del cuerpo humano
Se compone de agua
Y yo voy a licuarme por completo:
Si estás presente
Se me hace agua la boca
Si estás ausente
Los ojos también se me hacen agua.

JUAN BAÑUELOS
(1932)

LA PIEL DEL TIEMPO

No puedo salir de mí sin que no vaya a dar a ti.
Ningún elogio nace más puro que tus pechos en la
    aurora.
El día es una gesta al contacto con el aire.
Y es que he dormido en ti sintiendo que la noche
era una sangre nueva detenida en tu cuerpo.
Qué callada la nieve se ha fundido sobre tus muslos,
    lenta.
Escucha:
hoy nace la alegría como el viento.
Yo no sabré decir, Amada,
si hemos de reinventar el tiempo,
pero tu piel, que no es más que mi piel
bordada de testigos
que probaron su amor para los siglos,
ha de crecer como colina fértil para bajar al valle,
ha de temblar como los peces para ganar el agua,
ha de extenderse como un ave para ganar el aire,
habrá de ser como la vida: la dilatada ola para cubrir
    la muerte.
Es una piel, Amor, de tiempo.

Pues en verdad, se nos muere este día con hermosura
si pronuncio su nombre,
si pronuncio tu nombre como sol, o mar, o viento.

GUILLERMO FERNÁNDEZ
(1934)

PALPO TU MURO

Otras aguas me miran
a la proa de otro barco.

Tajaremos la hora
en balcones sin horarios.

Ancla la noche de tu cuerpo
en la búsqueda ciega de mis manos.
Un puñal en la niebla multiplica
su imagen insaciable
en eco enajenado.

Antes de ti la hora
fue un aullido desierto.

Palpo tu muro
y descubro mi nombre
en tu costado;
las mudas inscripciones
del salitre futuro.

Y oigo en tu pecho la palabra,
el oleaje sereno
de las aguas del alba;
el final de los viajes

al olvido del sueño
por rescatarla.

Un agua más tierna me mira
con mirada más clara.

ELSA CROSS
(1946)

Memoria de Ántar
(fragmento)

Tu aroma entre las flores.
El día rozando nuestras cabezas,
transidas de luz,
        transverberadas.
Rayos de sol filtrados por finísimas
aberturas
tocando exactamente tu entrecejo,
mi corazón.
Yo sentía en cada poro tu menor
pensamiento—
cómo Eso nos colmaba, cómo nos
desbordábamos,
        cómo llenábamos todo.

¿Qué estaba dentro o fuera?
¿Existía esa luz dentro de nuestros
cuerpos, o éstos,
envolturas opacas, se hallaban en
la luz, inadvertidos,
        mínimos?
¿Qué estaba dentro o fuera?
        ¿Qué cosa no lo estaba?
La luz, masa compacta de la cual emergían
nuestros cuerpos, a la cual volvían.
Y cada cosa era un resplandor
vibrando apenas,

ondulando en la luz.
¿Y esto ya sucedió y es un recuerdo,
o es algo que vendrá?
¿O está ocurriendo ahora en otro espacio?
        ¿Y qué hay después?
¿Habrá después? ¿Habrá salida de
esta luz sin puertas?
y si esto es sólo un sueño, oh mi
amor, ¿lo iremos recogiendo
como araña que devora su propio
hilo, hasta bajar a esa
orilla donde ni antes ni después podrán juntarse ahora?

Ya estos pensamientos traen de
nuevo su gravedad,
ya se condensa en formas, ya se
oculta,
        la luz,
ya nos devuelve a nuestros cuerpos.

Tus ojos retenían el oro todavía
inundándonos.
Tus ojos, sobre la orilla quieta,
en el vacío de las formas,
        sin habla, sin imagen.
Yo repasaba tu cabello, *igual que la*
cebada de los campos.
Como guerrero, inmóvil, te recuerdo.

Y la Luz,
más fuerte que la luz del sol,
        seguía jugando en nuestros párpados.

FRANCISCO HERNÁNDEZ
(1946)

Habla Scardanelli

Hay otro y te apresa mientras duermo.
Me despiertan sus gruñidos rasposos,
los versos a ti escritos dejados en su oído
y el torrente que cae por tu garganta
buscando el corazón y su avispero.
Sin pies pero con odio me incorporo.
Recorro los brocados, las flores de tu sala.
Soplo rescoldos en la chimenea,
quiero meter las manos en las brasas,
la lengua por un anillo en llamas.
Imagino mordiscos en tu espalda,
oigo golpes brindados por su ardor,
siento una emigración de aromas
en los sudores donde nadie te habita.
Mejor salir a caminar bajo la nieve.
Allá se quemarán los labios con el frío
y no dejaré huellas circundando la casa
porque los pies irán colgados del sombrero.
Hay otro y te ronda mientras duermo.

JOSÉ VICENTE ANAYA
(1947)

DANZA

Atardecer en llamas reverdece / lumbre lejana que se
  toca
(es una miel que de tus labios destila hacia mis labios)
y entre tú y yo, amada / nace una flor que cuando canta
  crece /
con raíces de viento que se enreda / en el espacio hueco,
  suspendido,
de las aves que pasan emigrando / danza.

*

Llueve afuera,
Saliva, lengua, labios:
humedad nuestra.

VÍCTOR DE LA CRUZ
(1948)

Cuando en tus ojos busques
(POEMA ZAPOTECO, TRADUCCIÓN DEL AUTOR)

El día que con tus ojos busques
ya no me encontraras,
y dentro de mi corazón
no habrá nadie que te diga
por qué camino me fui
y en dónde te olvidé.
El día que abras los ojos
ya no estaré,
me habré ido por otra senda
y a ti te habré olvidado.
Volverás la vista hacia el norte y el sur,
por donde nace y se oculta el sol,
en donde se hacen cuatro los brazos del camino
mirarás como loca, buscando mis huellas.
Quién sabrá qué lluvias
y vientos habrán pasado ya
barriéndolas.

MARCO ANTONIO CAMPOS
(1949)

LA MUCHACHA Y EL DANUBIO

Como rama al romperse en el invierno blanco,
corazón lloró a la estrella; triste era el olmo,
y hace muchos años; cuánta fuerza y fiereza
en la adolescencia sin dirección; quién se atrevería
a decir: "Por aquí pasó el vendaval"; Dios creció
las ramas y cortó las hojas para que supiéramos
de la felicidad, si la luz pasa. ¡Ah, el Danubio!
Estrella lloraba el corazón. Ella era agua
que sabía a vino; donde llegaba se oía
la luz. Era la estrella en el invierno blanco.
Era blanca y hermosa como el pueblo donde nació.
Ella me queda, me vivo en mí, me llama
como un remordimiento.

DAVID HUERTA
(1949)

TARDE DE ENERO
(FRAGMENTO)

…pero también estamos callados y la
noche viene con su deslizarse

de sílabas y chasquidos bajo el diorama rocoso de la
    ciudad
en la que estamos sobreviviendo, esta ciudad o Venecia,

longitudes y volúmenes del devenir que es trágico,
    del acto
en cuya luz estamos naciendo, aprendiéndolo todo,
    callándolo

para el destello del éxtasis que, ahora, una vez más,
se abre desde nuestras manos —ya mapas rumbo a la
    orilla de las ciudades,

los desiertos, las casas oscurecidas, este reloj que marca
    el tiempo
de nuestras vidas, el pulso curvo de las palabras
    cóncavas como esta mano que busca y encuentra,

tu mano, mi mano en la huella de los fantasmas
    bienamados, espectros
de largos cuellos que son iguales a nosotros

y se asoman para beber el reflejo del Adriático y las
    palabras del Viaje, lo aprendido
y lo desaprendido, cortante como cristal de serenidad
    y de espíritu,

todo convergente en el paraíso de dos manos unidas
    que ahora se abren
y se cierran también con un rumor de nombres ávidos
    como flores.

Esto es Venecia, esto es el océano. Esto es volver a casa
    y llamarse así, aquí, en los labios de la sombra,

mientras la tarde de enero se abre hacia la noche
como nosotros nos hemos abierto, una y otra vez,
debajo de la mano de Dios y de sus aguas desvanecidas,

para gritar y dormir, dos escrituras de memoria y olvido

para la página mortal y el ardiente rumor,
    el agua humana de los cuerpos.

COPLAS POPULARES
DE HISPANOAMÉRICA

He seleccionado estas coplas populares fundamentalmente de la magnífica antología de Margit Frenk e Ivette Jiménez de Baez, *Coplas de amor del folklore mexicano*. También han sido utilísimas la *Lírica cortesana y lírica popular actual* y *La décima popular en Puerto Rico* de Ivette J. de Baez. La última décima proviene de *Glosas y décimas de México* de Vicente T. Mendoza.

1

Pajarito concurrión,
préstame tu medicina:
para sacarme una espina
que traigo en el corazón
y al suspirar me lastima.

2

En las cumbres de una vid,
dos pajarillos cantaban,
y de su piquito oí
que a ti para mí te criaron,
y yo para ti nací.

3

Ay de mí, ay de las flores,
Ay de las flores, ay de mí,
Ay que me muero de amores,
Tened compasión de mí.

4

Pajarito lagunero,
de la laguna del bosque,
anda, dile a mi lucero
que si ya no me conoce:
que yo fui su amor primero.

5

Yo le pregunté a Cupido
remedios para olvidar,
y me contestó afligido:
"Remedios no puedo dar;
de ese mal he padecido,
y no he podido sanar".

6

Pajarito que cantando
cantas la ausencia y la gloria,
si vieras a esa señora,
explícale lo que siento;
dile que suplico atento
con el corazón partido.
Pájaro vuelve a tu nido
y mejora en tu cantar;
ayúdame a buscar,
mira que se me ha perdido.

---

[1] Esta cuarteta peruana que también se conoce en Argentina y Panamá, está retomando evidentemente el terceto final del soneto de Francisco de Quevedo. Véase pág. 52 de este mismo libro.

7

Si hay tras de la muerte amor
después de muerto he de amarte
y aunque esté en polvo disuelto
polvo seré y polvo amante.[1]

8

Voy a cantarle una copla
de sentimiento y amor
para ablandarle el corazón
a esa muchacha hermosa.

9

Cuando estabas por la iglesia,
te divisó el confesor;
se le cayó la custodia,
porque temblaba de amor.[2]

10

Ojos que se quieren bien,
y que se miran de lejos,
no son ojos, son espejos
donde las almas se ven.[3]

---

[2] Esta copla que a menudo los trovadores mexicanos incluyen en la canción cono-
cida como *La llorona* es una reminiscencia popular del viejo romance de *La misa
del amor*. Véase pág. 21 de este mismo libro.

[3] Aunque se trata de una estrofa tradicional argentina, Ivette J. de Baez ha señala-
do la deuda con una glosa del Marqués de Alenquer de comienzos del siglo XVII:

11

Con los ojos del alma
te estoy mirando,
y con los de la cara,
disimulando.

12

Para cortarle los pasos
a dos que se quieran bien,
es como echar leña al fuego
y sentarse a verla arder.

13

¿De qué me sirve tenerte
tu cama llena de flores,
si conmigo son los celos
y con otro los amores?

14

Anoche fui a tu casa,
tres golpes le di al candado;
tú no sirves para amores,
tienes el sueño pesado.

Ojos que se quieren bien,
cuando se miran de lejos,
no son ojos, son espejos
donde las almas se ven.

15

Quien como yo por ti muera,
jamás, mi bien, hallarás;
hallarás quien bien te quiera
mas no quien te quiera más.[4]

16

Si amor me hubieras tenido
o crecida voluntad,
no hubiera en ti falsedad,
ni me hubieras ofendido.
La fe con que te he querido
es firme, no hay que dudar
y así te vengo a avisar,
hoy a cara descubierta,
que aunque pase por tu puerta
no me vuelvas a mirar.

---

[4] Esta copla tradicional argentina proviene como señala Ivette J. de Baez de esta cuarteta de un villancico del siglo XVI:

> Bien sé, Gila, que a doquiera
> quien bien te quiera hallarás:
> bien hallarás quien te quiera
> mas no quien te quiera más.

ÍNDICE

CANCIONERO ANÓNIMO ESPAÑOL

13

ROMANCERO

POEMAS DE AUTORES ESPAÑOLES DEL SIGLO XV AL XVII

Poetas Mexicanos